週一回の作りおき

漬けおき
レシピ

検見崎聡美

青春出版社

「漬けおき」って
ナンだ？

「食材」を
「漬けだれ」に
漬けておくだけ
で、おいしい料理が完成!

週一回の作りおきも、
とっても簡単で手間いらず。

漬け込むことで
味がしみしみで、
手の込んだおいしさ!

作った翌日から
5日間、
おいしく食べられます。

漬けた食材を、
さらに調理することは
ありません。

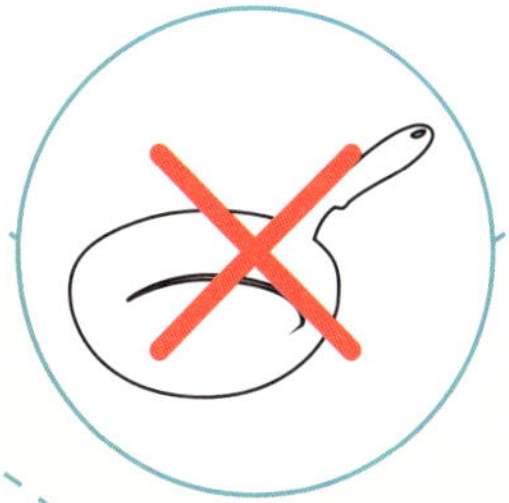

おなかペコペコで
帰宅しても、
すぐにごはんに
ありつけます。

もっとも簡単で、
おいしくて、便利な
「作りおき」です！

ごはんのおかずに、
お弁当に、おつまみに
と大活躍。

「漬けおき」は、ぜんぶ3ステップで作れます！

ステップ 1

食材

ゆでる

ソテーする

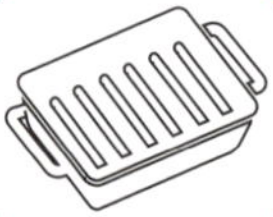

焼く

炒める

の**どれか**

＋

ステップ 2

漬けだれ

材料を
混ぜる

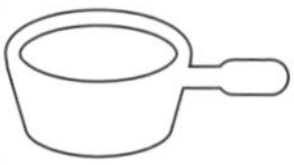

材料を混ぜて
煮立てる

の**どっちか**

本書の材料は、
すべて
作りやすい
分量です。

大さじ１は
15㎖、
小さじ１は
５㎖です。

ステップ 3

漬ける！

食材 が

温かいうちに、

漬けだれ に

漬ける。

粗熱がとれたら、冷蔵庫に in

＝

だけ！

あとは

「時間がおいしく」

してくれます!

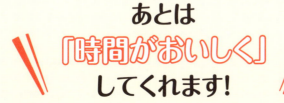

週一回の作りおき「漬けおき」レシピ

menu

肉の「漬けおき」おかず

魚の「漬けおき」おかず

漬 豆腐と野菜の「漬けおき」おかず

豚スペアリブの豆豉《トウチ》漬け

豆豉は大豆の発酵調味料。本格的な風味とコクが楽しめます

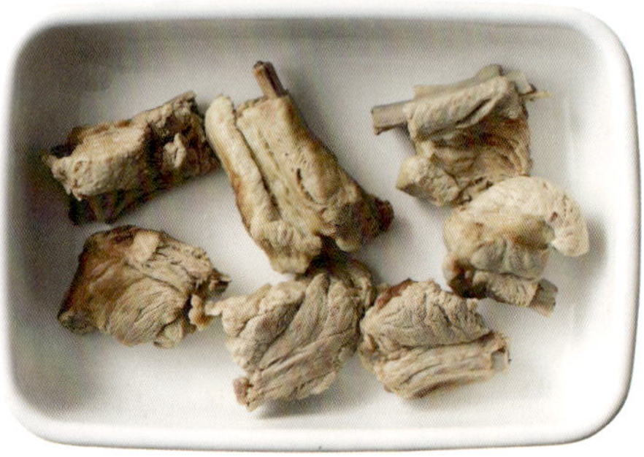

豚スペアリブ…300g
酒と塩少々を加えた熱湯で40分ゆでる。

＋

漬けだれ

豆豉…大さじ１（きざむ）
塩…小さじ1/3
紹興酒…大さじ１
ごま油…大さじ１
花椒…小さじ1/2
水…50㎖

小鍋に材料を合わせ、煮立てる。

＝

漬

豚スペアリブが温かいうちに、漬けだれに漬ける。

イタリアン豚つくね

ゆでるだけのつくねは、ふんわりやわらか

豚ひき肉…200g

Aを加えてよく混ぜ合わせ、沸騰した湯に丸めて落とし入れ、7〜8分ゆでる。

A
- 塩…小さじ1/4
- こしょう…少々
- 玉ねぎのみじん切り…50g
- 卵…1コ

＋

漬けだれ

- トマトペースト…大さじ1
- しょうゆ…大さじ1
- 赤ワイン…大さじ1
- おろし玉ねぎ…大さじ2
- おろしにんにく…少々
- こしょう…少々
- オリーブ油…小さじ1

材料を混ぜ合わせる。

＝

漬

つくねが温かいうちに、漬けだれに漬ける。

豚ばら肉の土佐漬け

かつお節のうまみで、ごはんもお酒もすすみます

豚ばら肉…200g

10㎝長さに切り、酒と塩少々を加えた熱湯で20分ゆでる。

＋

漬けだれ

しょうゆ…大さじ2
酒…大さじ2
酢…大さじ2
砂糖…大さじ1
長ねぎの斜め薄切り…1/2本分
かつお削り節…10g
しょうが汁…大さじ1

小鍋に材料を合わせ、ひと煮立ちさせる。

＝

漬

豚肉が温かいうちに、漬けだれに漬ける。

豚肉の中華風甘みそ漬け

じっくり煮込んだ角煮のような仕上がり

豚肩ロース肉…200g
2㎝角に切り、酒と塩少々を加えた熱湯で20分ゆでる。

＋

漬けだれ

- 甜麺醤…大さじ2
- しょうゆ…大さじ1/2
- 赤ワイン…大さじ1
- ごま油…大さじ1
- 白練りごま…大さじ1
- こしょう…少々

材料を混ぜ合わせる。

＝

漬

豚肉が温かいうちに、漬けだれに漬ける。

豚ひれ肉のサワークリーム漬け

漬けだれ自体おいしいので、肉につけながら食べても

豚ひれかたまり肉…250g

酒と塩少々を加えた熱湯で20分ゆでる。

＋

漬けだれ

サワークリーム…100mℓ
麦みそ…大さじ３
砂糖…大さじ１
こしょう…少々
タイム（ドライ）…少々
おろしにんにく…少々

材料を混ぜ合わせる。

＝

漬

豚肉が温かいうちに、漬けだれに漬ける。

豚ひれ肉のグレープフルーツ漬け

おもてなし料理としてもオススメの作りおきです

豚ひれかたまり肉…250g

1.5㎝幅に切る。フライパンにオリーブ油少々を熱し、こんがりとソテーして火を通す。

＋

漬けだれ

グレープフルーツの果肉…1/2コ分(ほぐす)
オリーブ油…大さじ1
塩…小さじ1/2
粗びき黒こしょう…少々
白ワイン…大さじ1
酢…大さじ1
砂糖…小さじ1

材料を混ぜ合わせる。

＝

漬

豚肉が温かいうちに、漬けだれに漬ける。

鶏むね肉の酒粕みそ漬け

食べるときは、ぬぐい取った漬けだれをソースにして

鶏むね肉…1枚(250g)

鍋に鶏肉を入れ、酒大さじ1、塩少々をからめる。水100㎖を入れて中火にかけ、フタをする。沸騰したら弱火にし、8分加熱する。

＋

漬けだれ

酒粕…30g
みそ…大さじ2
みりん…大さじ2
水…大さじ1

材料を混ぜ合わせる。

＝

漬

鶏肉が温かいうちに、漬けだれに漬ける。

鶏もも肉の塩ねぎ山椒

ねぎやごま油の風味に、実山椒の清々しい香りがたまりません

鶏もも肉…1枚（250g）

鍋に鶏肉を入れ、酒大さじ1、塩少々をからめる。水100㎖を入れて中火にかけ、フタをする。沸騰したら弱火にし、8分加熱する。

＋

漬けだれ

塩…小さじ1/2
長ねぎのみじん切り…1/2本分
にんにく…1/2かけ（つぶす）
ごま油…大さじ1
実山椒（生または水煮）**…大さじ1**

材料を混ぜ合わせる。

＝

漬

鶏肉が温かいうちに、漬けだれに漬ける。

ささみの明太子漬け

気の利いた小鉢料理としても、酒の肴としても

鶏ささみ（筋なし）… **4 本**（240g）

鍋に鶏ささみを入れ、酒大さじ1、塩少々をからめる。水100㎖を入れて中火にかけ、フタをする。沸騰したら弱火にし、8分加熱する。

漬けだれ

- **辛子明太子…40g**（薄皮を取る）
- **ごま油…大さじ 1**
- **おろししょうが…大さじ 1**
- **長ねぎのみじん切り…10㎝分**

材料を混ぜ合わせる。

漬

鶏ささみが温かいうちに、漬けだれに漬ける。

手羽先のオイスターソース漬け

煮込まないのに、おいしいたれがしみ込みます

鶏手羽先… 6 本(300g)

酒と塩少々を加えた熱湯で20分ゆでる。

＋

漬けだれ

オイスターソース…大さじ 2
しょうゆ…大さじ 1
紹興酒…大さじ 2
こしょう…少々
しょうがのせん切り… 1 かけ分

材料を混ぜ合わせる。

＝

漬

鶏手羽先が温かいうちに、漬けだれに漬ける。

鶏スペアリブの粒マスタードマリネ

ごはんのおかずやワインのおつまみ、お弁当にも

鶏スペアリブ…200g
魚焼きグリルで、こんがりするまで10〜12分焼く。

＋

漬けだれ

粒マスタード…大さじ3
白ワイン…大さじ2
ウスターソース…小さじ2
にんにく…1/2かけ（つぶす）
塩…小さじ1/3

材料を混ぜ合わせる。

＝

漬

鶏スペアリブが温かいうちに、漬けだれに漬ける。

鶏レバーのエスニック南蛮漬け

漬け込むほどに、味がなじんでおいしくなります

豚レバー…250g

レバーとハツを切り離し、洗って大きめに切る。ハツはまわりの脂肪を切り取り、縦半分に切って洗う。酒と塩少々を加えた熱湯で20分ゆでる。

+

漬けだれ

ナンプラー…大さじ 2
酢…大さじ 2
砂糖…大さじ 1
水…大さじ 1
にんにく…1/2かけ
刻み唐辛子…少々
玉ねぎの薄切り…50g
にんじんのせん切り…30g

材料を混ぜ合わせる。

=

漬

鶏レバーとハツが温かいうちに、漬けだれに漬ける。

牛こま切れ肉のすき焼き漬け

煮過ぎるとかたくなる肉やしらたきも、漬けおきなら心配ナシ

牛こま切れ肉…150g
長ねぎの斜め切り…1/2本分

フライパンにオリーブ油大さじ1を中火で熱し、牛肉、長ねぎをこんがりと炒める。

しらたき…100g

鍋にしらたきとひたひたの水を入れて中火にかけ、1〜2分煮立てて湯をきる。

＋

漬けだれ

水…50mℓ
しょうゆ…50mℓ
みりん…大さじ２
砂糖…小さじ２

小鍋に材料を合わせ、ひと煮立ちさせる。

＝

漬

牛肉、長ねぎ、しらたきが温かいうちに、漬けだれに漬ける。

牛串のサテーソース漬け

東南アジアの串焼き料理、サテーをアレンジした漬けだれです

牛こま切れ肉…200g

竹串に刺して、酒と塩少々を加えた熱湯で3分ゆでる。

＋

漬けだれ

ココナツミルク…50㎖
ナンプラー…大さじ1
砂糖…大さじ1
カレー粉…少々
刻み唐辛子…少々
にんにく…1/2かけ（つぶす）
ピーナッツ…10粒（砕く）

材料を混ぜ合わせる。

＝

漬

牛肉が温かいうちに、漬けだれに漬ける。

牛ステーキ肉のおろしレモンマリネ

作りおきなので、牛肉も中まで火を通しましょう

牛ステーキ肉…1枚（150g）

フライパンにオリーブ油少々を中火で熱し、両面をこんがりするまで焼いて火を通す。

＋

漬けだれ

大根…200g
（すりおろして汁気をきる）
レモンのくし形切り…2切れ
レモン汁…大さじ2
塩…小さじ1/3
粉山椒…少々

材料を混ぜ合わせる。

＝

漬

牛肉が温かいうちに、漬けだれに漬ける。

たらのレモンハーブ漬け

いつものたらが、しっとり、香り高い一品に

甘塩たら…2切れ
白ワインと塩少々を加えた熱湯で12分ゆでる。

＋

漬けだれ

パセリのみじん切り…大さじ2
ディル（ドライ）…少々
タイム（ドライ）…少々
オリーブ油…大さじ2
塩…小さじ1/4
レモン汁…大さじ2

材料を混ぜ合わせる。

＝

漬

たらが温かいうちに、漬けだれに漬ける。

さけのごまみそ漬け

西京みそと練りごまを合わせた、まろやかな漬けだれ

甘塩さけ…２切れ

酒と塩少々を加えた熱湯で12分ゆでる。

＋

漬けだれ

西京みそ…大さじ３
白練りごま…大さじ２
砂糖…大さじ２
白ワイン…大さじ２

材料を混ぜ合わせる。

＝

漬

さけが温かいうちに、漬けだれに漬ける。

さわらのレモンじょうゆ漬け

焦げやすい漬け焼きも、焼いてから漬けるので失敗しません

さわら…2切れ

半分に切る。フライパンにオリーブ油少々を中火で熱し、こんがりとソテーして火を通す。

＋

漬けだれ

レモンの薄い輪切り…1/2コ分
しょうゆ…大さじ2
レモン汁…大さじ2
だし汁…50㎖

材料を混ぜ合わせる。

＝

漬

さわらが温かいうちに、漬けだれに漬ける。

かつおのコチュジャン漬け

韓国風の甘辛に、にらの香りが食欲をそそります

かつお(刺身用・サク)…**200g**

1㎝幅に切る。フライパンにごま油少々を中火で熱し、こんがりとソテーして火を通す。

＋

漬けだれ

にらの小口切り…30g
ごま油…大さじ1
コチュジャン…大さじ1
しょうゆ…大さじ1
砂糖…大さじ1

材料を混ぜ合わせる。

＝

漬

かつおが温かいうちに、漬けだれに漬ける。

まぐろのジェノベーゼマリネ

ゆでたまぐろをバジルソースで。イタリアンな漬けおきです

まぐろの赤身（サク）…200g
塩少々を加えた熱湯で10分ゆでる。

漬けだれ

バジルの葉…20g（きざむ）
松の実…20g（きざむ）
粉チーズ…10g
塩…小さじ1/4
オリーブ油…大さじ3

材料を混ぜ合わせる。

漬

まぐろが温かいうちに、漬けだれに漬ける。

たいのアンチョビオイル漬け

上品な白身に、アンチョビのコクと塩気をプラス

たい(刺身用・サク)…**200g**

適当な大きさに切る。鍋にたいを入れ、塩と酒少々をふる。湯50mℓを入れて中火にかけ、フタをする。沸騰したら弱火にし、8分加熱する。

＋

漬けだれ

にんにくのみじん切り
…小さじ2
アンチョビ…2枚
オリーブ油…大さじ3
塩…少々

小鍋に材料を合わせ、弱火にかける。油が熱くなったら混ぜる。

＝

漬

たいが温かいうちに、漬けだれに漬ける。

いわしのハーブヨーグルトマリネ

ワインやパンとの相性がいい常備菜です

いわし…４尾（３枚におろす）

フライパンにオリーブ油少々を中火で熱し、まわりがカリッとするまでソテーする。

＋

漬けだれ

ヨーグルト（プレーン）…100g
玉ねぎのみじん切り…50g
おろしにんにく…少々
塩…小さじ1/4
こしょう…少々
ディル（ドライ）…少々
はちみつ…小さじ1/2
オリーブ油…大さじ１

材料を混ぜ合わせる。

＝

漬

いわしが温かいうちに、漬けだれに漬ける。

いわしのごま漬け

いわしとごまは相性抜群。お酢としょうがも入り、臭みもありません

いわし…大３尾

いわしは頭とワタを取り、4㎝幅に切る。酒と塩少々、しょうがの薄切り3枚を加えた熱湯で20分ゆでる。

＋

漬けだれ

黒ごま…30g
しょうがのみじん切り
…大さじ１
酢…大さじ３
塩…小さじ1/4

材料を混ぜ合わせる。

＝

漬

いわしが温かいうちに、漬けだれに漬ける。

あじの梅だれ漬け

昔ながらのしょっぱい梅干しで。味もしまるし、保存性もアップ

あじ…3尾（3枚におろす）
酒と塩少々を加えた熱湯で8分ゆでる。

＋

漬けだれ

梅肉（塩分17％）…30g
砂糖…小さじ1
しょうゆ…小さじ1/2
酢…大さじ3
ごま油…大さじ1

材料を混ぜ合わせる。

＝

漬

あじが温かいうちに、漬けだれに漬ける。

ぶり大根のゆず塩漬け

魚の煮物で人気の組み合わせが、「漬けおき」おかずに変身！

ぶり…２切れ

大根…100g

ぶりはひと口大に、大根は4㎝長さの棒状に切る。
酒と塩少々、しょうがの薄切り3枚を加えた熱湯で10分ゆでる。

＋

漬けだれ

水…150㎖

塩…小さじ1/4

ゆずの皮
（フリーズドライ）…少々

しょうがの薄切り…３枚

長ねぎ…1/2本（2㎝幅に切る）

小鍋に材料を合わせ、
１分煮立てる。

＝

漬

ぶりと大根が温かいうちに、漬けだれに漬ける。

さばのごまだれ漬け

こっくりとした味つけが、ごはんや日本酒によく合います

さば…半身

さばは3㎝幅に切り、皮目に切り込みを入れる。酒と塩少々、しょうがの薄切り3枚を加えた熱湯で15分ゆでる。

漬けだれ

白練りごま…大さじ2
酢…大さじ2
水…大さじ2
砂糖…大さじ1
塩…小さじ1/4
しょうゆ…小さじ1

材料を混ぜ合わせる。

漬

さばが温かいうちに、漬けだれに漬ける。

あさりと鶏ひき肉のエスニック漬け

野菜もたっぷりで、夏の冷蔵庫に常備したい！

あさり(砂抜きする)**…250g**

鶏ひき肉…100g

沸騰した湯200㎖に酒少々を加え、鶏ひき肉を入れてさっとほぐし、あさりを加えてフタをする。あさりの殻が開くまで5〜6分蒸しゆでにし、湯をきる。

＋

漬けだれ

ナンプラー…大さじ２
ライム汁…大さじ２
玉ねぎの薄切り…50g
トマト…100g(1㎝幅のくし形切り)
青ねぎ…３本(2㎝長さに切る)
パクチー…３本(2㎝長さに切る)
にんにく…1/2かけ(つぶす)
刻み唐辛子…少々

材料を混ぜ合わせる。

＝

漬

あさりと鶏ひき肉が温かいうちに、漬けだれに漬ける。

たことレンズ豆のマリネ

メインにもサブメニューにもなる、便利な「漬けおき」です

ゆでたこ…200g
レンズ豆…50g

たこは2㎝幅のぶつ切りにする。熱湯にレンズ豆を入れて10分ゆでる。たこを加え、再沸騰したら湯をきる。

＋

漬けだれ

トマトの粗みじん切り…150g
玉ねぎのみじん切り…50g
ピーマンのみじん切り…１コ分
塩…小さじ1/4
レモン汁…大さじ２
チリペッパー…少々
チリパウダー…小さじ1/2
オリーブ油…大さじ２

材料を混ぜ合わせる。

＝

漬

たことレンズ豆が温かいうちに、漬けだれに漬ける。

えびのおろし漬け

えびはゆで過ぎるとかたくなるので、そこだけを注意して

えび…200g

殻をむいて背に切り込みを入れ、背わたを取り除く。沸騰した湯にえびを入れ、再沸騰したら湯をきる。

＋

漬けだれ

だし汁…100mℓ
塩…小さじ1/4
しょうゆ…小さじ1
みりん…大さじ1
大根…200g
（すりおろして汁気をきる）

小鍋に材料を合わせ、ひと煮立ちさせる。

＝

漬

えびが温かいうちに、漬けだれに漬ける。

厚揚げの焼肉のたれ漬け

コクのある漬けだれ効果で、焼肉に負けない満足感

厚揚げ…１枚

厚揚げは水からゆで、沸騰したら取り出して、1㎝幅に切る。

＋

漬けだれ

しょうゆ…大さじ２
砂糖…大さじ１
オイスターソース…大さじ１
ごま油…大さじ１
長ねぎのみじん切り…10㎝分
しょうがのみじん切り…１かけ分
にんにくのみじん切り…1/2かけ分
白ごま…大さじ１

材料を混ぜ合わせる。

＝

漬

厚揚げが温かいうちに、漬けだれに漬ける。

豆腐とエリンギのトマト漬け

漬け込むほどにおいしい、イタリアンな豆腐ステーキ

木綿豆腐…1丁（300g）
エリンギ…1パック

豆腐は1.5㎝厚さに、エリンギは縦半分に切る。フライパンにオリーブ油大さじ1を中火で熱し、豆腐とエリンギをこんがりと焼く。

＋

漬けだれ

トマト水煮缶（ダイス）…150g
玉ねぎのみじん切り…50g
にんにくのみじん切り…少々
塩…小さじ1/3
チリペッパー…少々
こしょう…少々
砂糖…小さじ1
レモン汁…大さじ1

材料を混ぜ合わせる。

＝

漬

豆腐とエリンギが温かいうちに、漬けだれに漬ける。

豆腐とひき肉の麻婆漬け

具材をゆでて漬けるだけ。なのに、しっかりマーボー豆腐です

木綿豆腐…１丁(300g)
豚ひき肉…100ｇ

豆腐は1.5㎝角に切り、水からゆでる。沸騰したら豚ひき肉を入れてさっとほぐして火を通し、湯をきる。

＋

漬けだれ

甜麺醤…大さじ２
豆板醤…小さじ1/2
オイスターソース…小さじ１
長ねぎの粗みじん切り
…10㎝分
にんにくのみじん切り…少々

材料を混ぜ合わせる。

＝

豆腐と豚ひき肉が温かいうちに、漬けだれに漬ける。

ゆで卵と厚揚げのタイ風おでん漬け

ごはんやビールがほしくなる、本格的な味わい

ゆで卵（殻をむく）… 2 コ
厚揚げ… 1 枚

厚揚げは2.5㎝角に切り、水からゆでる。沸騰したらゆで卵を入れて、再沸騰したら湯をきる。

＋

漬けだれ

水…100㎖
しょうゆ…大さじ 1
ナンプラー…大さじ 2
砂糖…大さじ 1
にんにく…1/2かけ（つぶす）
八角…2かけ
シナモンスティック…1/2本
パクチー… 3 本（5㎝長さに切る）

小鍋に材料を合わせ、ひと煮立ちさせる。

＝

漬

ゆで卵と厚揚げが温かいうちに、漬けだれに漬ける。

きざみ昆布と豚肉の松前漬け風

副菜にもおつまみにも、お弁当にも——あると便利な常備菜

乾燥きざみ昆布…20g(もどす)
豚ロースとんかつ用肉…１枚
にんじんの細切り…30g

豚肉を熱湯で20分ゆで、昆布を入れて再沸騰したら湯をきる。豚肉は1㎝幅に切る。

＋

漬けだれ

だし汁…100㎖
酒…大さじ２
しょうゆ…大さじ２
みりん…大さじ２
輪切り唐辛子…少々

小鍋に材料を合わせ、ひと煮立ちさせる。

＝

漬

きざみ昆布と豚肉が温かいうちに、にんじんと一緒に漬けだれに漬ける。

わかめときゅうりとほたての甘酢漬け

箸休めにうれしい酢の物も、漬けおきで！

乾燥わかめ…５g（もどす）
ほたて（刺身用）…６コ

わかめは1分ゆで、冷水にとって冷まし、水気をしぼる。
ほたては3分ゆでる。

きゅうり…２本

きゅうりは皮を縞目にむいて縦半分に切り、種を取り除いて斜め薄切りにし、水200㎖に塩小さじ１の塩水に30分浸す。しんなりしたら水気をしぼる。

＋

漬けだれ

酢…100㎖
砂糖…大さじ２
塩…小さじ1/2

材料を混ぜ合わせる。

＝

漬

わかめ、きゅうり、ほたてを漬けだれに漬ける。

トマトのレモンマリネ

そのまま食べても、肉や魚料理の付け合わせにも大活躍

中玉トマト…300g

フライパンにオリーブ油大さじ1を中火で熱し、ヘタを取ったトマトを入れて、こんがりとして皮がはじけるまでソテーする。

＋

漬けだれ

白ワイン…大さじ1
レモン汁…大さじ2
塩…小さじ1/4
粗びき白こしょう…少々
パセリのみじん切り…大さじ2

材料を混ぜ合わせる。

＝

漬

トマトが温かいうちに、漬けだれに漬ける。

GROW

マッシュルームとベーコンのはちみつマスタード漬け

ほんのり甘くて、まろやかな酸味の漬けだれです

マッシュルーム…２パック
ベーコン…80g

マッシュルームは縦半分に、ベーコンは3cm幅に切る。フライパンにオリーブ油大さじ1を中火で熱し、ベーコン、マッシュルームを入れてフタをし、こんがりするまで３分ほど焼く。

漬けだれ

フレンチマスタード…大さじ３
酢…大さじ１
はちみつ…大さじ１
オリーブ油…大さじ１

材料を混ぜ合わせる。

漬

マッシュルームとベーコンが温かいうちに、漬けだれに漬ける。

セロリときゅうりの山椒漬け

シャキシャキでさわやか。山椒の風味がアクセント

セロリ…100g
きゅうり…200g

セロリは細長い乱切りに、きゅうりは皮を縞目にむいて細長い乱切りにする。セロリときゅうりを合わせ、塩小さじ1をふり混ぜる。しんなりしたら水気をギュッとしぼる。

＋

漬けだれ

水…100mℓ
塩…小さじ1/6
酢…大さじ1
ごま油…大さじ1
粉山椒…小さじ1/4

材料を混ぜ合わせる。

＝

漬

セロリときゅうりを漬けだれに漬ける。

なすとみょうがのだし漬け

ひんやりがおいしい、夏のごちそうです

なす…4本
みょうが…3コ

なすは魚焼きグリルで真っ黒に焦げるまで焼く。さっと水にくぐらせ、皮をむいてひと口大に切る。
みょうがは縦半分に切り、魚焼きグリルで3分焼く。

＋

漬けだれ

だし汁…100㎖
しょうゆ…小さじ1
塩…小さじ1/4
みりん…大さじ1

小鍋に材料を合わせ、ひと煮立ちさせる。

＝

漬

なすとみょうがが温かいうちに、漬けだれに漬ける。

エスニックなます

いつものなますが、タイ風の漬けだれで大変身！

にんじん…50g
大根…150g

にんじんと大根は３～4㎝長さ5㎜角に切り、塩小さじ2/3をふり混ぜる。しんなりしたら、水気をギュッとしぼる。

＋

漬けだれ

ナンプラー…大さじ１
水…大さじ２
砂糖…大さじ１
パクチーの小口切り…３本分
ライムの薄い半月切り…1/4コ分
ピーナッツ…10粒（砕く）

材料を混ぜ合わせる。

＝

漬

にんじんと大根を漬けだれに漬ける。

オクラといんげんのごまじょうゆ漬け

オクラは切らずに、まるごと漬けがおいしい

オクラ…1パック
さやいんげん…100g

オクラは塩をまぶして表面をこすり、水洗いして産毛を取る。さやいんげんは半分にきる。
熱湯にオクラとさやいんげんを入れ、中火で2～3分ゆでる。

＋

漬けだれ
だし汁…100㎖
しょうゆ…大さじ2
みりん…大さじ2
白いりごま…大さじ2
（包丁できざむ）

小鍋に材料を合わせ、ひと煮立ちさせる。

＝

漬

オクラとさやいんげんが温かいうちに、漬けだれに漬ける。

ひよこ豆とかじきのラビゴットソース漬け

ラビゴットソースは、野菜がいっぱい入ったフレンチドレッシングです

ひよこ豆の水煮…150g
かじきまぐろ…1切れ(1.5cm角に切る)

熱湯にかじきまぐろを入れ、中火で5分ゆでる。ひよこ豆を加え、さらに3分ゆでる。

＋

漬けだれ

トマト…100g
(種を取って5mm角に切る)
玉ねぎ…50g(5mm角に切る)
きゅうり…40g(5mm角に切る)
オリーブ油…大さじ3
酢…大さじ2
塩…小さじ1/2
にんにくのみじん切り…少々

材料を混ぜ合わせる。

＝

漬

ひよこ豆とかじきまぐろが温かいうちに、漬けだれに漬ける。

れんこんとうずらのクリーム酢みそ

ほんのり甘い、まるでデザートのようなおかず

れんこん…150g
うずらの卵…10コ

れんこんは7㎜幅の半月切りにする。うずらの卵はゆでて殻をむく。沸騰した湯にれんこんを入れる。再沸騰したらうずらの卵を入れ、ひと煮立ちしたら湯をきる。

＋

漬けだれ

西京みそ…50g
酢…大さじ2
砂糖…大さじ2
サワークリーム…50㎖

材料を混ぜ合わせる。

＝

漬

れんこんとうずらの卵が温かいうちに、漬けだれに漬ける。

ごぼうとこんにゃくと豚ひき肉の八丁みそ漬け

見た目ほど濃くはありませんが、ごはんがほしくなる甘辛味

ごぼう…150g

12㎝長さに切り、やわらかくなるまで20分ゆでる。湯をきり、叩いて割れ目を入れ、4㎝長さ縦半分に切る。

こんにゃく…100g
豚ひき肉…100g

こんにゃくは7㎜幅のひと口大に切る。沸騰した湯にこんにゃくを入れ、再沸騰したら豚ひき肉を入れ、さっとほぐして火を通し、湯をきる。

漬けだれ

八丁みそ…50g
砂糖…25g
みりん…大さじ1
水…100㎖

小鍋に材料を合わせ、煮立てて火からおろし、よく混ぜてみそを溶かす。

漬

ごぼう、こんにゃく、豚ひき肉が温かいうちに、漬けだれに漬ける。